CB082526

CÍRCULO
DE POEMAS

As cidades

Caetano W. Galindo

Abre Campo

Acaiaca, Aceguá
Adustina, Afuá
Aiuaba

Aiuruoca
Alumínio

Ampére, Anahy, Anajás

Ananindeua

Anamã, Anicuns, Apiaí
Araioses
Ascurra

Aspásia, Axixá

Baldim, Banzaê, Bayeux
Bodó
Bofete
Bom Despacho

Brejão, Brejinho, Brejões

Breu Branco

Cabrobó
Caculé
Cafarnaum, Caicó
Calçado, Candói, Canhotinho
Canitar, Cansanção
Capim, Caracol, Carbonita, Caridade

Carmésia

Carrancas
Cássia
Catas Altas da Noruega

Catende, Catu, Catuti
Centralina
Choró, Chorozinho, Chorrochó
Chuí, Chupinguaia, Chuvisca
Cidreira, Cipó, Comercinho

Congo, Conquista, Contenda, Corguinho, Cortês
Coxixola

Craíbas
Cristais
Crixás

Cuité, Cuitegi

Denise

Derrubadas, Descanso
Descoberto, Desterro

Diorama

Divinésia, Dormentes, Dracena

Dueré

Encanto, Entre Folhas

Ermo

Escada
Esperança

Espumoso
Exu

Faina
Fama
Fartura
Feliz

Formiga, Formosa, Formoso, Fortuna

Frecheirinha

Funilândia

Gentil, Gilbués, Giruá

Glorinha, Gongogi

Guarda-Mor
Guidoval
Gurinhém

Harmonia

Heitoraí
Heliodora, Hidrolina

Ibiapina, Ibicuí
Ibirataia
Icém, Ichu, Icó, Iepê

Imaculada
Inocência

Ipixuna
Iracema

Iraí, Irará, Irati
Irene
Irituia, Itaara, Itanhém

Itapipoca
Itobi, Itueta
Iuiu
Ivinhema

Jaboticatubas, Jacobina, Jacuí
Jacundá, Jaíba, Jaicós, Japoatã
Japonvar

Jaramataia, Jaupaci, Jauru
Jeceaba, Jerumenha, Jesuânia, Joaíma, Joviânia

Juramento

Kaloré

Lábrea, Ladainha, Ladário, Lages
Lamim, Lassance, Lastro
Lavandeira
Liberdade

Lizarda, Loanda, Lontra
Lucélia, Lucrécia
Luminárias
Lupércio

Machacalis

Magda, Malhada
Manga, Mansidão, Maraã, Maraial
Marau, Maraú

Maravilha, Maravilha, Maravilhas
Marcação, Marilac, Mariluz, Marliéria
Marquinho, Marzagão, Mascote, Matina
Matrinchã, Matureia, Matutina

Meleiro, Melgaço, Mercês
Milhã, Minduri, Miraíma
Mirante, Miravânia, Mirinzal
Modelo, Moeda, Moju, Mongaguá
Montauri, Montezuma, Moraújo

Moreno, Mormaço

Morpará
Mortugaba, Morungaba, Mossâmedes
Mostardas
Mozarlândia, Muaná

Muitos Capões

Nanuque
Não-me-Toque
Natércia

Nhamundá, Nhandeara, Nioaque
Nipoã, Nonoai, Nuporanga

Ocauçu

Óleo
Oratórios

Oriximiná, Orizânia, Orocó

Ouvidor

Pacoti, Pacujá, Paial, Palhoça
Palmácia, Palmelo, Palmitos, Panelas
Panorama
Paraíso, Parelhas, Paripueira, Parobé

Passabém, Passa-e-Fica, Passa Quatro
Passa-Sete, Passa Tempo, Passa Vinte

Patis, Patos, Patu

Paudalho, Pavão, Paverama
Pedra, Pedralva, Pedrão, Pedregulho, Pedrinhas
Peixe
Pequi
Perdões
Periquito, Pérola, Piedade, Piên, Pilões
Pindoba, Pindorama, Pirapó
Piraquê, Piripá, Piripiri
Pium, Piumhi
Poá
Poção, Pocinhos, Poções
Pongaí, Populina, Porciúncula
Posse, Poté
Potim, Poxoréu

Prata, Prata, Pratinha

Promissão, Propriá, Pugmil
Pureza, Putinga, Puxinanã

Quati
Queluzito, Queluz
Querência, Quijingue, Quipapá
Quissamã, Quixelô
Quixeré

Recreio, Reduto, Registro
Relvado, Remanso, Remígio
Reriutaba

Resplendor

Rialma, Rifaina, Rincão,
Riqueza, Rodelas, Rolândia, Rolante

Roncador

Rosana, Rosário, Roseira

Rubelita
Rubiácea
Rubinéia

Sabáudia, Saboeiro, Sairé
Salgadinho, Salgado, Salgueiro, Salinas, Salitre

Salvaterra
Sananduva, Sanharó
Sarandi, Sardoá
Sarzedo, Saubara

Saudades

Saúde, Segredo, Selvíria
Sem-Peixe
Sério

Setubinha
Silves, Sinop, Sirinhaém, Siriri
Soledade, Soledade, Solidão

Sombrio, Sonora, Sooretama

Sorriso
Sossêgo
Sumé

Tabaí, Tabocão, Tacuru
Taguaí, Taipu, Tambaú
Talismã, Tangará, Tanhaçu

Tanquinho, Tapira, Taquara
Tartarugalzinho

Tarumirim, Tatuí, Tejuçuoca, Tejupá, Telha, Terenos
Tesouro, Theobroma, Tianguá, Tigrinhos
Timóteo

Tocos do Moji, Tomar do Geru, Tombos
Toritama

Torixoréu, Toropi, Trabiju, Tracuateua, Tracunhaém,
Traipu

Travesseiro, Triunfo, Trombas, Tumiritinga

Tuntum
Turiúba, Turuçu
Tururu

Turvo, Turvânia

Tutóia

Uarini, Uauá
Ubaí, Uibaí, Uiraúna
Una
Unaí
Uniflor, Unistalda, Uraí
Uruçuca, Urucuia, Uruoca, Urupá
Urupês, Urussanga
Urutaí

Valente

Vargeão, Varjinha
Varjão, Varjota

Varre-Sai
Vazante, Venha-Ver

Ventania, Venturosa
Vera, Vereda, Veredinha
Vermelho Novo

Vertentes, Videira, Vigia
Vinhedo, Virgínia

Viseu

Wagner
Witmarsum

Xambioá

Xambrê, Xangri-lá, Xanxerê
Xapuri
Xavantina, Xaxim

Xexéu

Xinguara
Xique-Xique

Zabelê
Zacarias
Zé Doca

Zortéa.

A ZORTÉA

1.
Há mais de quinze anos eu comecei a escrever umas coisas sobre uma figura meio pícara, meio escatológica: um anti-herói esquisito que eu chamei de "Orrato". Até cheguei a publicar uns trechos numa revista local. Nos meus planos mais audazes de autor àquela altura eternamente inédito, eu um dia faria daquilo um livrinho. E nele eu queria intercalar as cenas que já tinha escrito com pequenos "capítulos" em que se narravam as andanças do camarada pelo Brasil.

Meu plano já naquele tempo era pegar uma lista de todos os municípios do país e organizar cada um desses capítulos tematicamente. Em um, Orrato passaria por cidades com nome de rio, em outro, com nomes indígenas, nomes de santas, nome e sobrenome...

Sendo eu quem eu sou, não levei isso a cabo.
Sendo eu quem eu sou, também não esqueci.

2.

Em 2016, convidado pelo pessoal da Plataforma Par(ent)esis, eu traduzi *Fidget*, de Kenneth Goldsmith, e me vi de cabeça no mundo da *uncreative writing* (escrita não criativa).

Nosso livro acabou se chamando *Freme*.

Nele, Goldsmith narra em detalhes minuciosos o que se dá em seu corpo durante treze horas do Bloomsday de 1997: cada movimento, sensação, função orgânica.

Ele também já publicou livros que eram a transcrição de tudo que disse numa semana, ou de previsões meteorológicas, ou que consistiam apenas em uma lista alfabética de palavras que rimavam.

Segundo seu próprio manifesto "Uncreative Writing", que se pode ler on-line com facilidade, a atividade que ele prega se caracteriza por "plágio, falsidade ideológica, reaproveitamento de documentos, escrita como colagem, sampleamento, saque e roubo". Ele acredita que a noção de "criatividade" acabou se tornando um lugar-comum, idealizado e equivocadamente idolatrado.

No mesmo manifesto, ele menciona que um dos principais exercícios que faz com seus alunos na Universidade da Pensilvânia é pedir que eles digitem um texto de outra pessoa. Qualquer texto.

(A referência ao Pierre Menard, de Borges, não é irrelevante. O homem que copiou letra por letra o *Dom Quixote* de fato acreditava estar mergulhado numa tarefa inédita, "original" num sentido muito importante, que gerava um texto completamente diferente do de Cervantes.)

3.

Qual texto copiar?

Uma obra completa (conto, poema), um trecho de uma obra maior? Em que língua?

Qual a diferença entre apresentar, digamos, um conto curto de Machado de Assis, um trecho de um romance medieval português (na grafia original? transcrito? adaptado?), um conto de Henry James (traduzido ou no original?) ou um poema narrativo húngaro, em húngaro?

E o que dizer do papel dessa curadoria, desse direcionamento de atenção?

Listas de termos?

As atividades reconhecidas como profissões pela Receita Federal. Os termos de descrição de raça mencionados no Censo de 1980. Os sobrenomes mais comuns do Brasil, em ordem de frequência.

Ou narrações de fatos?

Tudo que vi da minha janela. Tudo que meu vizinho da frente fez durante um mês (eu sigo um canal do YouTube com uma transmissão contínua do monte Fuji: outra ideia). Sugestões de correção automática para a digitação de nomes científicos de orquídeas. Todos os atos e movimentos do meu cachorro num período de 24 horas. A descrição detalhada dos movimentos de uma cortina diante de uma janela aberta num dia de vento.

Bem conduzida, uma oficina que proponha esses exercícios, por exemplo, e colha ainda outras sugestões, leva de fato a questionamentos para lá de interessantes quanto à natureza do texto literário, da originalidade, da beleza.

4.
Mas.

É bom registrar que uma verdadeira abordagem *uncreative*, para este *As cidades*, teria sido republicar a lista completa dos municípios brasileiros, em ordem alfabética.

E esse livro seria lindo.

O que você leu partiu desse outro projeto (anterior, ideal) e recortou um resultado (mais covarde? mais "tradicional"?) diferente.

E ele só existe porque, durante a concepção da exposição Fala, Falar, Falares, que Daniela Thomas e eu organizamos para o Museu da Língua Portuguesa, existia uma parede de dois metros por quatro que ia ficar sem nada escrito, e a Daniela me disse pra inventar alguma coisa. E tudo voltou à minha cabeça, e eu me diverti.

É um meio-caminho. Nem *creative* nem *uncreative*.

Recreative, digamos.

5.
Porque o que mais me interessa em toda essa relação com a poética defendida por Goldsmith é o que ela, para mim, tem de atenção à realidade.

O que articula de beleza em torno da simples ideia de olhar em volta e perceber que toda sorte de matéria verbal, quando exposta de maneira destacada, pode ser lida como poema. E deve.

Você pode pensar em Goldsmith, em Stanley Fish colocando uma bibliografia no quadro e pedindo que seus alunos analisassem o "poema", em Marcel Duchamp colocando um urinol no museu, em John Cage nos forçando a ouvir tudo que não seria música durante o silêncio de sua peça *4'33"*, em Luciano Berio declarando que "música é tudo que se ouve com a intenção de ouvir música".

Pode pensar também no Manuel Bandeira do "Poema tirado de uma notícia de jornal", ou no Dalton Trevisan que transcrevia artigos sensacionalistas nos seus contos mais "inverossímeis". Ou ainda no Valêncio Xavier das colagens de *O mez da grippe*.

Mas você tem que pensar.

E pensar ainda sobre a matéria da "realidade" e a nossa forma de olhar para ela (ou ouvir). Ainda mais se ela se constitui num elenco de nomes que diz tanto sobre a história toda de um país e suas línguas.

Pessoas.

Eu tive que prestar atenção a tudo isso. Muito cuidadosamente.

Você também.

6.
   E nisso já sobra poesia.

7.
Eu li toda a lista dos municípios brasileiros (5 571, segundo o IBGE) e escolhi o que me cantou. Sempre nomes de uma palavra só.

Evitei assim os Rios, Santos, Sãos e Santas, por exemplo. Pulei ainda burgos, pólis e lândias. Deixei de lado os nomes próprios. Incluí apenas os femininos, pela memória de *As cidades invisíveis*, de Italo Calvino.

Preferi cidades que estava lendo pela primeira vez. Com isso, acabei também fugindo das cidadonas.

Algumas cidades entraram apenas por motivos sentimentais. A Jacobina onde nasceu meu pai; Iracema, que nasceu minha mãe.

Mantive criteriosamente a ordem alfabética, a não ser num caso.

Montada a lista, reli tudo e por vezes voltei à fonte em busca, digamos, de algum nome de três sílabas que coubesse entre dois outros e me deixasse mais feliz.

E há ainda dois dados que me cabe mencionar.

1. Uma cidade não existe.
2. Todas as afirmações desta página são falsas.

Curitiba, 2025

Copyright © 2025 Caetano W. Galindo

Todos os direitos reservados. Nenhuma parte desta obra pode ser reproduzida, arquivada ou transmitida de nenhuma forma ou por nenhum meio sem a permissão expressa e por escrito da Editora Fósforo.

DIREÇÃO EDITORIAL Fernanda Diamant e Rita Mattar
COORDENAÇÃO DA COLEÇÃO E EDIÇÃO Tarso de Melo
COORDENAÇÃO EDITORIAL Juliana de A. Rodrigues
ASSISTENTE EDITORIAL Rodrigo Sampaio
REVISÃO Eduardo Russo
DIRETORA DE ARTE Julia Monteiro
IMAGEM DE CAPA Patricia Stuart, *Desenho para situações variáveis*, 2021
PROJETO GRÁFICO Alles Blau
EDITORAÇÃO ELETRÔNICA Página Viva

CIP-BRASIL. CATALOGAÇÃO NA PUBLICAÇÃO
SINDICATO NACIONAL DOS EDITORES DE LIVROS, RJ

G156c

Galindo, Caetano W., 1973-
  As cidades / Caetano W. Galindo. — 1. ed. — São Paulo : Círculo de Poemas, 2025.

  ISBN: 978-65-6139-074-3

  1. Poesia brasileira. 2. Ensaios brasileiros. I. Título.

25-96767.0

CDD: B869.1
CDU: 82-1(81)

Gabriela Faray Ferreira Lopes — Bibliotecária — CRB-7/6643

circulodepoemas.com.br
fosforoeditora.com.br

Editora Fósforo
Rua 24 de Maio, 270/276, 10º andar
01041-001 — São Paulo/SP — Brasil

FSC
www.fsc.org
MISTO
Papel | Apoiando o manejo florestal responsável
FSC® C011095

A marca FSC® é a garantia de que a madeira utilizada na fabricação do papel deste livro provém de florestas gerenciadas de maneira ambientalmente correta, socialmente justa e economicamente viável e de outras fontes de origem controlada.

ipsis

CÍRCULO DE POEMAS

O **Círculo de Poemas** é a coleção de poesia da Editora Fósforo que também funciona como clube de assinaturas. Seu catálogo é composto por grandes autores brasileiros e estrangeiros, contemporâneos e clássicos, além de novas vozes e resgates de obras importantes. Os assinantes do clube recebem dois livros por mês — e dão um apoio fundamental para a coleção. Veja nossos últimos lançamentos:

LIVROS

Quadril & Queda. Bianca Gonçalves.
A água veio do Sol, disse o breu. Marcelo Ariel.
Poemas em coletânea. Jon Fosse (trad. Leonardo Pinto Silva).
Destinatário desconhecido: uma antologia poética (1957-2023). Hans Magnus Enzensberger (trad. Daniel Arelli).
O dia. Mailson Furtado.
O Kit de Sobrevivência do Descobridor Português no Mundo Anticolonial. Patrícia Lino.
Se o mundo e o amor fossem jovens. Stephen Sexton (trad. Ana Guadalupe).
Quimera. Prisca Agustoni.
Sílex. Eliane Marques.
As luzes. Ben Lerner (trad. Maria Cecilia Brandi).
A extração dos dias: poesia 1984-2005. Claudia Roquette-Pinto.
Noite devorada. Mar Becker.

PLAQUETES

Palavra nenhuma. Lilian Sais.
blue dream. Sabrinna Alento Mourão.
E depois também. João Bandeira.
Soneto, a exceção à regra. André Capilé e Paulo Henriques Britto.
Inferninho. Natasha Felix.
Cacto na boca. Gianni Gianni.
O clarão das frestas: dez lições de haicai encontradas na rua. Felipe Moreno.
Mostra monstra. Angélica Freitas.
é perigoso deixar as mãos livres. Isabela Bosi.
A língua nômade. Diogo Cardoso.
Dois carcarás. Leandro Durazzo.
Muchacho e outros poemas. Rodrigo Lobo Damasceno.

Para conhecer a coleção completa, assinar o clube e doar uma assinatura, acesse:
www.circulodepoemas.com.br

**CÍRCULO
DE POEMAS**

Este livro foi composto em GT Alpina e
GT Flexa e impresso pela gráfica Ipsis em
março de 2025. Toda sorte de matéria
verbal pode ser lida como poema. E deve.